Die Entfremdung des Menschen von der Natur durch verarbeitete Lebensmittel

GRIN

Bibliografische Information der Deutschen Nationalbibliothek:

Die Deutsche Nationalbibliothek verzeichnet diese Publikation in der Deutschen Nationalbibliografie; detaillierte bibliografische Daten sind im Internet über http://dnb.d-nb.de abrufbar.

ISBN: 9783346521309
Dieses Buch ist auch als E-Book erhältlich.

© GRIN Publishing GmbH
Nymphenburger Straße 86
80636 München

Druck und Bindung: Books on Demand GmbH, Norderstedt Germany
Gedruckt auf säurefreiem Papier aus verantwortungsvollen Quellen

Das Buch bei GRIN: https://www.grin.com/document/1117248

Die Entfremdung des Menschen von der Natur durch verarbeitete Lebensmittel

Universität Kassel
Fachbereich 05,
Gesellschaftswissenschaften, Soziologie,
HF Soziologie NF Geschichte –
Fachsemester 02

Soziologische Theorie: Natur und
Gesellschaft

29.09.2020

Inhalt

1. Einleitung

„Kochen bedeutet sich aktiv in den Umwandlungsprozess von Natur in Kultur zu begeben. [...] Uns wird bewusst, dass unser Leben auf das tiefste mit unserer natürlichen Umwelt verwoben ist. Industrielle Lebensmittelproduktion und System-Gastronomie entfremden den Menschen von dem Verarbeiten von Lebensmitteln und damit von der Umwandlung von Natur in Kultur." (Timaeus, Johannes 2014)

Meinungen wie diese liest man in den Debatten um die Lebensmittelindustrie, Ernährung oder verarbeitete Lebensmittel immer wieder. Sie lassen darüber nachdenken, wie einflussreich verarbeitete Lebensmittel sein können, wenn es um unsere Beziehung zu natürlichen Lebensmitteln und der Natur geht. Entfernen wir uns von natürlichen Lebensmitteln und damit von der Natur? Was sind Fertigprodukte und was suggerieren sie uns? Welcher Eigenanteil am Kochen und welche Kontrolle bleibt uns bei Fertigprodukten erhalten? Welche Folgen hat diese Entfremdung bereits für kommende Generationen?

Seit den neuen „Foodtrends" und dem Etablieren alternativer Ernährungsformen in unserer Gesellschaft, sind die Debatten um die Lebensmittelindustrie und verarbeitete Lebensmittel aktueller denn je. Das Kochen und Verarbeiten von frischen Lebensmitteln verändert sich zunehmend und damit auch die Wahrnehmung was wertvoll, natürlich oder frisch ist. Allgemein bekannt ist, dass hochverarbeitete Lebensmittel als ungesund angesehen werden, dennoch werden diese durchaus konsumiert. In dieser Arbeit soll es thematisch weniger um die Lebensmittelindustrie als solche oder um Inhaltsstoffe in Lebensmitteln gehen, sondern mehr um die Fragestellung der Entfremdung von Natur und Lebensmitteln, vor allem aber um die Entfremdung durch verarbeitete und hochverarbeitete Lebensmittel. Um sich der Fragestellung der Entfremdung des Individuums von der Natur durch verarbeitete Lebensmittel anzunähern, ist es in einem ersten Schritt nötig, den Begriff der Entfremdung anhand von verschiedenen Theorien zu klären. Dazu werden die Theorien von Karl Marx, Hartmut Rosa und Paul Rabinow in Bezug auf die Fragestellung bearbeitet und erläutert. Für die Diskussion im zweiten Teil der Arbeit, werden zunächst die notwendigen Kriterien für Entfremdung herausgearbeitet, um sie später auf den Beispielfall zu beziehen. Nach der Auswahl und Erörterung einer Methode zum Bearbeiten des Beispielfalls folgt die Bearbeitung von drei Beispielen als deskriptive Beschreibung dieser. Diese drei Beispiele bestehen aus dem Gemüse Brokkoli in drei verschiedenen Formen der Verarbeitung, welche in einem üblichen Lebensmittelgeschäft zu erwerben sind. Ich habe mich hier für einen nahezu unverarbeiteten Brokkoli aus der Gemüsetheke, ein gekühltes Fertiggericht der Marke ja! und ein hochverarbeitetes Fertiggericht der Marke Maggi entschieden. Um die Fragestellung zu erörtern, werden die theoretischen Konzepte anhand der drei Beispiele diskutiert und anschließend dargelegt, welche Ableitungen aus den Beschreibungen hervorgehen. Die zuvor erarbeiteten Kriterien für Entfremdung sollen an diesem Punkt der Arbeit Aufschluss darüber geben, ob die als Beispiel gewählten Lebensmittel das Individuum von der Natur entfremden oder nicht.

2. Entfremdung

Im folgenden Kapitel soll der Begriff der Entfremdung anhand der verschiedenen Theorien von Karl Marx, Hartmut Rosa und Paul Rabinow in Bezug auf das Thema der Entfremdung von verarbeiteten Lebensmitteln erörtert werden. Anschließend sollen aus diesen Theorien Kriterien erarbeitet werden, die für das Fallbeispiel genutzt und angewendet werden können, um die Fragestellung der Entfremdung von verarbeiteten Lebensmitteln zu diskutieren.

2.1 Theorien

Als theoretische Basis wurden die Theorien von Karl Marx, Hartmut Rosa und als Kontrast Paul Rabinow gewählt. Karl Marx gehört zu den Klassikern der Soziologie und ist mit seinen Theorien und Konzepten bis heute breit diskutiert und bearbeitet worden. Im Zuge der industriellen und modernen Gesellschaft erlangen seine Werke immer wieder neue Aufmerksamkeit, so auch im Zusammenhang mit dem Thema der Entfremdung von der Natur durch verarbeitete Lebensmittel. Als Fortführung dieser Basis wird das Konzept der Resonanz von Hartmut Rosa in Bezug auf dieses Thema bearbeitet und fortgeführt. Rosa arbeitet mit dem Konzept der Beziehungen der Individuen zur Natur, untereinander und der sogenannten Weltbeziehungen. Als letztes werden die Gedanken von Paul Rabinow als Kontrast zu den beiden vorangegangenen Theorien erörtert und auf das Thema der Entfremdung von der Natur durch verarbeitete Lebensmittel bezogen.

2.1.1 Karl Marx

Allen soziologischen Theorien über den Begriff der Entfremdung voran, steht eine Erklärung von Karl Marx. Nicht nur, weil er nach Hegel einer der bedeutendsten Entfremdungstheoretiker war, sondern auch weil er sich als Kritiker der politischen Ökonomie sah. Marx ist mit seinen gesamten Werken der Meinung, dass sich die Menschen im Kapitalismus entfremden. Das liegt maßgeblich an der Entfremdung „von den Produkten ihrer Arbeit, von ihrer Arbeit als Tätigkeit, von ihrem menschlichen Wesen und voneinander als menschlichen Individuen" (Quante, Schweikard et al. 2016: S. 297). Allerdings wird nie erläutert oder nur erwähnt, welche Kriterien erfüllt sein müssten, damit etwas entfremdet oder entfremdend wäre (vgl. ebd. S.297). Der Mensch entfremdet sich, im Vergleich zu den Tieren, weil er nicht für sich und existenziell produziert, sondern universell. Für den Menschen ist das Leben das Lebensmittel, wo dem Tier das „Gattungsleben" bleibt (vgl. Marx, Karl 1844: S. 517). Bei Marx entfremdet sich der Mensch also nicht nur von der Natur, sondern vor allem von sich selbst und auch von anderen Menschen. Für diese Arbeit liegt der Focus auf der Entfremdung von der Natur und der Arbeit. Die Arbeit wird durch die Nichtkontrolle über Produktionsmittel und -ziele entfremdet. Der Mensch hat keine Kontrolle darüber, was er produziert oder welches Produkt am Ende seiner Arbeit steht. (vgl. Rosa, Strecker et al. 2018: S. 47f.) Nichtentfremdung bedeutet also Kontrolle und Macht über die Produktionsprozesse zu haben, und seien es nur die, die das Individuum selbst vollzieht. Marx wertet in seinen Werken die Entfremdung durch den Kapitalismus durchgehend negativ:

> „Denn ‚recht' ist alles, was nicht-entfremdet ist. [...] ‚Recht' ist alles, womit die arbeitende (lebende) Person sich als das zu ihr gehörige vergegenständlichte und mit ihr identische Ich vollständig identifizieren kann." (Quante, Schweikard et al. 2016: S. 167)

Was die Frage aufwirft, ob Entfremdung immer ‚Unrecht' oder ‚schlecht' für das Individuum und die Gesellschaft sein muss. Marx sieht die Natur als einen Teil des Menschen bzw. den Menschen als einen Teil der Natur. Der Mensch lebt „von diesen Naturprodukten, mögen sie nun in der Form der Nahrung, Kleidung, etc. erscheinen." (Marx, Engels 1844: S. 515) und ist somit abhängig von der Natur, was uns in diesem Aspekt mit den Tieren gleichstellt. Die industrielle Produktion entfremdet uns also nicht nur von der Arbeit, sondern auch von der Natur, die „der unorganische Leib des Menschen" (ebd. S. 516) ist. Die Menschen können sich in der kapitalistischen Gesellschaft nicht mehr kreativ ausleben, was die Entfremdung voranschreiten lässt und die Menschen von sich selbst entfremdet (vgl. Rosa, Strecker et al. 2018: S. 47).

2.1.2 Hartmut Rosa

Hartmut Rosa setzt in seiner Theorie der Gesellschaft auf das Bedürfnis von Resonanz und Weltbeziehungen zwischen den Individuen, wie auch zwischen dem Individuum und der Welt und Natur. Er greift die Entfremdungstheorie von Karl Marx auf und entwickelt sie weiter bis zum Resonanzbegriff der Weltbeziehungen. Der Entfremdungsbegriff wird hier so weiterentwickelt, dass das „nichtentfremdetsein" dann vorhanden ist, wenn „das Gefühl der Kontrolle oder zumindest des Einflusses auf die sie bestimmenden Handlungskontexte" (Rosa 2016: S. 624) vorhanden ist. Der Begriff wird des Weiteren um die „Selbstwirksamkeitsüberzeugung" erweitert. In gewisser Weise sieht auch Rosa die Entwicklung der voranschreitenden modernen Gesellschaft als negativ und belastend an. Rosa sagt, dass die „eigendynamische, selbstzweckhafte Steigerungslogik der Moderne das menschliche Weltverhältnis immer stärker belastet – oder gar selbst schon Ausdruck und Ausfluss eines problematischen Weltverhältnisses ist" (Rosa 2016: S. 96). Die Weltbeziehung und das Weltverhältnis bezeichnen die Wechselwirkung von Individuum und seiner Umwelt. Der Mensch reagiert auf seine Umwelt, die er passiv erfährt oder aktiv aneignet (vgl. Rosa 2016: S. 106). Diese Wechselseitigkeit rationalisiert den Begriff von Subjekt und Welt, um die Objekt- und Subjektbeziehungen zu verstehen. Besonders wichtig ist hier, dass zwischen gelingenden und misslingenden bzw. belastenden Weltbeziehungen unterschieden wird. Die gelingenden Weltbeziehungen verbinden das Individuum mit der Natur und seiner Umwelt, wohingegen ein gestörtes Weltverhältnis das Individuum von der Welt „entfremden" (vgl. ebd. S.97).

„Weil die menschliche Weltbeziehung zunächst eine leibliche ist, beginne ich mit der Analyse der körperlichen und verkörperten Weisen, sich auf Welt zu beziehen, Welt zu erfahren und zur Welt Stellung zu nehmen, oder noch genauer: mit der Analyse der Arten und Weisen, wie Körper und Welt immer schon ineinander verschlungen und miteinander verwoben sind. In Kapitel II stehen dabei die basalen Formen des Weltprozessierens – wie Atmen, Essen und Schlafen, dann aber auch die leibliche Dimension des Sprechens – im Mittelpunkt der Überlegungen [...]" (Rosa 2016: S. 115)

Nach dem In-die-Welt-Gestelltsein und dem Atmen kommt Rosa zu dem Thema des Essens und Trinkens. Essen und Trinken steht hier für einen essenziellen Austauschprozess des Individuums mit der Welt. Im Vergleich zur Atmung sind das Essen und Trinken unserem Willen unterworfen und damit immer eine bewusste Entscheidung. Auch wenn wir nicht entscheiden können *ob* wir essen, so können wir doch entscheiden *was* wir essen (vgl. Rosa 2016: S. 193). Rosa nennt die Zubereitung und Einnahme von Nahrung einen einschlägigen Phänomenbereich „um das Weltverhältnis einer Kultur- und Gesellschaftsform zu untersuchen" (ebd.), was damit zusammenhängt, dass es sich dabei um eine substantielle und materielle Welteinverleibung handelt, die Farbe, Konsistenz, Geruch und Geschmack hat. Um diesen Punkt seiner Theorie zu verstehen, muss kurz erörtert werden, was Resonanzbeziehungen sind. Der Mensch sehnt sich laut Rosa nach einer Resonanz der Welt, nach einer Wechselwirkung. Der Mensch reagiert auf die Welt und sehnt sich nach einer rückwirkenden Resonanz seiner Taten. Die Kernthese Rosas ist „Resonanz ist das Andere der Entfremdung" (ebd. S. 627) und soll damit einen Rahmen schaffen, in dem das „nichtentfremdetsein" erläutert oder definiert werden kann. Entfremdung ist in diesem Konzept also ein Modus der Weltbeziehung, in dem die Welt dem Subjekt gleichgültig oder sogar feindlich gegenübersteht und somit keine Resonanz stattfindet.

Diese Weltbeziehungen treten zwischen Nahrung, Körper und Psyche auf. Diese resonanten Weltbeziehungen unterscheiden sich zu kausalen oder instrumentellen Weltbeziehungen (vgl. ebd. S. 196).

„Zum Vierten und Letzten schließlich ist die Nahrung, die wir aufnehmen, anders als der Atem nicht einfach nur ein unsichtbarer, zirkulierender Betriebsstoff unseres Körpers, sondern sie bildet das Material, aus dem wir gebaut sind: Auch wenn wir uns dessen nicht bewusst sein mögen, sind wir als leibliche Wesen ganz offensichtlich »aus Welt gebaut« und bedürfen darüber hinaus der beständigen Erneuerung durch »Weltaufnahme«. Nicht alles ist jedoch als Baustoff geeignet: Unser Körper extrahiert auf nur teilweise verstandene Weise die Stoffe und Substanzen, die er gebrauchen kann (und manchmal darüber hinaus auch andere Weltelemente, die ihm schaden oder ihn sogar zerstören), während er einen Gutteil der aufgenommenen Welt in verwandelter Form wieder ausscheidet. Welt wird daher unablässig und ganz buchstäblich durch unsere Körper hindurchprozessiert. Es gibt keine elementarere und keine porösere Form der Weltbeziehung [...]" (Rosa 2016: S. 194)

Der Mensch prozessiert also die Welt durch sich hindurch und schafft damit eine Form der Weltbeziehung, wie sie stärker nicht sein könnte. Die Nahrungsaufnahme verbindet uns ohne Umwege mit der Welt und damit mit der Natur und unserer Umwelt. Die Welt wird allerdings nicht nur einverleibt, sondern durch das Ausscheiden von Nahrung auch reproduziert, verwandelt und gestaltet. Als weiteren Aspekt spricht Rosa die Abneigung gegen industriell prozessierte Lebensmittel an und vergleicht die Furcht vor „künstlichen Lebensmitteln" mit dem positiven Gegenbeispiel der Placebos in der Medizin. Die Abneigung gegen industrielle Lebensmittel rührt von der Vorstellung einer „gleichsam organischen Verbindung zwischen Leib und ‚Natur', welche durch (gen)technische Manipulation zerstört werden kann." (ebd. S. 198). Schlussendlich ist das Verdauungssystem eine zentrale Stelle für die physischen Weltbeziehungen zwischen Mensch und Natur. Essstörungen beispielsweise sind eine Störung der Weltbeziehung und damit eine körperliche Selbstentfremdung (vgl. ebd. S. 200). Abschließend erörtert Rosa, dass das wahre Motiv für den Konsum von z.B. Bioprodukten eine Sehnsucht nach Resonanzerfahrungen ist:

> „Die Diskussionen um Fast Food, industrielle Verarbeitung und Manipulation von Lebensmitteln und vor allem um die Massentierhaltung machen deutlich, dass die moderne Kultur selbst von einem wiederkehrenden und tiefen Unbehagen bezüglich des Prozesses der Zurichtung der ›nährenden Welt‹ heimgesucht wird. Die boomenden Ideologien und Praktiken der Produktion und Einverleibung ›unbehandelter‹, ›organischer‹, ›biologischer‹, ›natürlicher‹ Lebensmittel sind dann der manifeste Ausdruck der Sehnsucht nach einer anderen, nichtentfremdeten Beziehung zu jener Welt. Und ganz ähnlich, wie der Rauch die eingesogene Welt spürbar macht (und machen soll), machen die Flecken, Erdklümpchen, Wachstumsunvollkommenheiten, ja die Fäulnisstellen des ›ökologisch‹ angebauten Obsts und Gemüses Welt oder Natur für den Konsumenten solcher Lebensmittel spürbar." (Rosa 2016: S. 201)

2.1.3 Paul Rabinow

Abschließend soll ein Einblick in die Theorie von Paul Rabinow eine konträre Meinung zur modernen und industriellen Produktion geben. Rabinow ist, anders als die vorangegangenen Theoretiker, Anthropologe für Sozial- und Kulturanthropologie und betrachtet die Themen entsprechend von einem anderen Standpunkt als die Soziologie es tun würde. Dennoch genießt er, durch die Arbeiten über den französischen Philosophen Michel Foucault, auch in der Soziologie ein gewisses Ansehen. Für Rabinow ist Biosozialität die Zukunft der Gesellschaft:

> „In der Zukunft wird die neue Gentechnik jedoch keine biologische Metapher der modernen Gesellschaft mehr sein, sondern sich stattdessen in ein Zirkulations-Netzwerk von Identitätsbegriffen und Restriktionsstellen verwandeln, durch das eine neue Gestalt von Autopoiesis entstehen wird, die ich ‚Biosozialität' nenne." (Rabinow 2004: S. 139).

Die Natur wird nach Rabinow in der Biosozialität neu modelliert werden, und zwar auf Grund der Kultur der Gesellschaft. Natur soll mit der Naturwissenschaft (Genomprojekt) nach dem Willen des Menschen modelliert werden können (vgl. ebd.). Natur wird schon jetzt in vielen Bereichen von den Menschen beherrscht und nach ihrem Willen geformt, wie auch in der industriellen Lebensmittelproduktion. Mit diesem Ansatz steht die Theorie von Rabinow, denen von Marx und vor allem Rosa in starkem Kontrast gegenüber. Durch die Formung von Natur nach dem Willen der Kultur, würde sich die Trennung von Natur und Kultur auflösen oder zumindest verschwimmen und die Kategorien „Soziales" und „Natürliches" auflösen. Ein großer Unterschied ist, dass diese Entwicklung zum Neuen, was bei Rosa und Marx als Entfremdung und damit gleichzeitig negativ gewertet wird, hier als eine eher positive und vor allem notwenige Entwicklung angenommen wird. Rabinow begründet dies u.a. damit, dass Tradition und damit oft auch das „natürlichere" als erstrebenswert dargestellt wird, obwohl in Wirklichkeit „nur wenige zur echten Tradition, dem verschmutzten Wasser und den durchschnittlichen Ernten und dergleichen zurückkehren wollen. Vielmehr ist die Entwicklung hin zur Verbesserung und Entkulturation der Natur, die sich auf die Tradition als eine Ressource bezieht, die es selektiv zu verbessern gilt, sogar beschleunigt worden und sie wird sich auch weiterhin beschleunigen." (Rabinow 2004: S. 147). Zum besseren Verständnis bezieht sich Rabinow auf Francois Dagognet, der die Meinung vertritt, dass die Natur schon lange nicht mehr natürlich ist, weil der Mensch schon seit einer langen Zeit in sie eingreift. Die Natur muss sich neu entfalten und der Mensch muss sie für die „Natürlichkeit" darin unterstützten:

> „Entweder wir streben auf eine Art Bewunderung der Unendlichkeit ‚von dem was ist' zu oder wir akzeptieren die Möglichkeit der Manipulation" (zit. nach Rabinow 2004: S.150).

2.2 Hypothesen/Kriterien

Aus den beschriebenen drei Theorien lassen sich folgende Kriterien/Hypothesen für diese Arbeit ableiten:

1.) Das Individuum entfremdet sich von der Arbeit und der Natur, wenn es keinen Bezug zum Produkt seiner Arbeit hat. Dementsprechend entfremdet ein Produkt, auf dessen Herstellung das Individuum keinerlei oder nur wenig Einfluss hatte, ebenfalls das Individuum.

2.) Das Herstellen eines Produkts entfremdet das Individuum, wenn es nichts Persönliches in seiner Arbeit zum Ausdruck bringen kann und/oder sich nicht kreativ entfalten kann.

3.) Nur natürliche Nahrung verbindet das Individuum mit der Natur, weil sie das Material ist, aus dem der Mensch und die Welt gebaut ist. Der Körper extrahiert Weltelemente, die ihm schaden oder ihn zerstören könnten.

4.) Das Individuum sehnt sich nach Resonanzerfahrungen. Wenn es keine Resonanz gibt, ist das Individuum entfremdet. Diese Entfremdung bedeutet Gleichgültigkeit und Bedeutungslosigkeit.

5.) Die Grenze zwischen Natur und Kultur verschwimmt zunehmend. Die Natur ist seit dem Eingreifen des Menschen schon nicht mehr „natürlich". Der Mensch muss die Natur in ihrer Entwicklung unterstützten und die Entwicklung annehmen, weil er nichts gegen diese Entwicklung mehr unternehmen kann.

3. Verarbeitete Lebensmittel

Das folgende Kapitel wird mit einem methodischen Kapitel begonnen, in dem erklärt wird, wie die Vorgehensweise bei der Auswertung der Produkte war. Es schließt sich die Übersicht der Produkte, mit der tatsächlichen Beschreibung der drei Produkte, an. Bei den drei Produkten handelt es sich um das Gemüse Brokkoli in drei verschiedenen Formen bzw. Stufen: ein Brokkoli aus der Gemüsetheke, ein Fertiggericht der Marke ja! und ein hochverarbeitetes Fertiggericht von der Marke Maggi.

3.1 Methodisches Vorgehen

Alle Produkte, die in dieser Arbeit bearbeitet wurden, wurden bei dem Lebensmittelmarkt REWE gekauft. Es handelt sich um ein Produkt aus der Gemüsetheke, ein Produkt aus der Tiefkühlabteilung und ein Produkt aus der Kategorie der Fertiggerichte. Um eine bessere Vergleichbarkeit zu gewährleisten, wurden drei Produkte mit dem Gemüse Brokkoli gewählt. Anhand der Stufe der Verarbeitung soll beispielhaft erläutert werden, wie sich die Produkte unterscheiden, wie der Brokkoli verarbeitet wurde und abschließend erörtert werden, ob und inwiefern dieses Gemüse den Käufer davon entfremdet. Dazu wurden die Verpackungen, sofern vorhanden, hinsichtlich der Gestaltung, der Informationen und der Farbgebung beschrieben. Des Weiteren wurde der Inhalt dokumentiert und ebenfalls in Hinblick auf die Fragestellung beschrieben.

3.2 Brokkoli aus der Gemüsetheke

Ein Brokkoli aus der Gemüsetheke (Quelle: https://shop.rewe.de/p/broccoli-500g/1007433)

Der Brokkoli aus der Gemüsetheke ist ein nahezu unverarbeitetes Produkt. Aber auch nur nahezu, denn vom Anbau, über den Transport bis in die Gemüsetheke, ist nicht alles unverarbeitet. Das Gemüse aus dem eigenen Garten ist das am wenigsten verarbeitete Produkt, welches man weiterverarbeiten kann. Der Brokkoli liegt unverpackt in der Gemüsetheke und präsentiert damit sich selbst, ohne eine Verpackung, die weitere Informationen geben oder anderes suggerieren könnte. Allein auf dem Preisschild sind kurze Informationen zu finden: Deutschland, Kl: I (EU-Normen schreiben die Klassen Extra, I und II vor. Klasse I bedeutet: gute Qualität; leichte Form- und Entwicklungsfehler, leichte Farbfehler, sehr leichte Quetschungen, ausreichende Festigkeit. Klasse II wird häufiger bei Bioprodukten eingetragen und bedeutet: mittlere Qualität; gröbere Fehler, gröbere Farbabweichungen sind zulässig. In jedem Fall sind die Mindesteigenschaften einzuhalten (europa.eu)). Dennoch ist der Brokkoli, wenn auch nicht vollkommen unverarbeitet, nahezu in seiner Ursprungsform hier vorzufinden. Auch wenn nicht nachzuvollziehen ist, wo und wie er angebaut wurde, ist das Gemüse in seinem Ursprungszustand, nicht weiterverarbeitet und ungewürzt. Um den Brokkoli essbar zu machen, müsste er in der eigenen Küche noch weiterverarbeitet werden, indem er gekocht, gebraten oder gebacken und mit anderen Zutaten kombiniert wird.

3.3 Ja! Gemüse mit Reis aus der Kühltheke

Aus urheberrechtlichen Gründen wurde die Abb. entfernt. (Anm. d. Red.)

Feines Gemüse mit Reis mild gewürzt der Marke ja! (weitere Bilder siehe Anhang)

Dieses Produkt stammt aus dem Tiefkühlfach und wurde mit anderen gekühlten Fertiggerichten verwahrt. Die Verpackung besteht auf den ersten Blick aus Pappe. Das Innenleben besteht allerdings aus einer Plastikschale, welche mit einer durchsichtigen und bedruckten Folie verschlossen ist. Auf der Vorderseite der Verpackung ist ein weißer Teller mit dem angegeben Gericht „Feines Gemüse mit Reis mild gewürzt" zu sehen. Unter dem Teller befindet sich ein grün-kariertes Tuch. Der Teller sieht schmackhaft angerichtet und das Gemüse knackig, frisch und bunt aus. Als Information ist ansonsten eine Angabe „zum Dampfgaren in der Microwelle" und „Microwelle: ca. 7 Minuten bei 750 Watt" zu sehen. Insgesamt basiert die Verpackung auf den Farben Weiß und Grün. Grün suggeriert allgemein immer eine gewisse Frische eines Produkts, vor allem aber bei Produkten mit Gemüse o.ä. Des Weiteren sind noch Nährwertangaben, das Mindesthaltbarkeitsdatum (ebenfalls in Grün aufgedruckt) und die Menge, welche sich in der Verpackung befinden soll, angegeben.

Auf der Rückseite ist ebenfalls wieder die Farbe Grün zu finden, vor allem besteht das Design jedoch aus einem weißen Hintergrund und einer aufgedruckten Schrift in Blau, passend zum Logo von ja!. Die Zutatenliste zeigt: Reis gegart 24% (Wasser, Reis), Broccoli 22%, rote Paprika 21%, Mais 15%, Erbsen 14%, Wildreis gegart 2,7% (Wasser/Wildreis), pflanzliches Öl (Raps), Speisesalz, weißer Pfeffer, Knoblauch, Selleriesamenpulver, Zwiebelpulver, Lorbeer. Außerdem sind ausführliche Angaben zu den Nährwerten, der Aufbewahrung und Zubereitung zu finden.

Die Seiten sind jeweils sehr schlicht und ohne weitere Informationen gestaltet. Auch hier sind die Farben Weiß, Grün und Blau wiederzufinden.

Der Brokkoli ist hier verarbeitet, indem er in kleine Röschen aufgeteilt und vorgegart wurde. Außerdem werden der Geschmack und das Mundgefühl durch Gewürze und die Verarbeitung verändert. Der Inhalt ist im Verpackungszustand noch gefroren. Die Gemüsesorten, welche nicht in Pulverform zugegeben sind, sind in geschnittener Form zu erkennen – es lässt sich zwischen den einzelnen Gemüsebestandteilen und dem Reis unterscheiden.

Nach der Zubereitung nach Packungsanleitung lässt sich geschmacklich eine leichte Würze vernehmen, während der natürliche Gemüsegeschmack sehr unterschwellig zu schmecken ist. An dieser Stelle ist es nun schwieriger, die einzelnen Gemüsebestandteile (am Geschmack) zu unterscheiden. Der Eigenanteil am Kochen ist sehr begrenzt, da die Verpackung nicht einmal komplett geöffnet werden darf, sondern verdeckt in die Microwelle kommt. Allerdings könnte das Gericht erweitert werden und so der Anteil an Eigenleistung und Kreativität erhöht werden. Das Gemüse ist allerdings schon fertig zubereitet.

3.4 Maggie Brokkoli-Cremesuppe

Aus urheberrechtlichen Gründen wurde die Abb. entfernt. (Anm. d. Red.)

Broccoli-Cremesuppe der Marke Maggi (weitere Bilder siehe Anhang)

Dieses Produkt ist in einem Regal mit vielen weiteren Tütengerichten von verschiedenen Marken zu finden. Auf der Vorderseite ist eine fertige Cremesuppe mit Brokkoli und der Überschrift „Broccoli Cremesuppe" zu sehen. Neben der Schüssel sind Spinat, Brokkoli und Knoblauch platziert. Ein Pfeil mit der Beschriftung „mit feinen Broccoliröschen" deutet auf den Brokkoli. Schüssel sowie Zutaten stehen auf einem Holz, welches grün eingefärbt ist. Über der Überschrift ist das Logo der Marke Maggi in den Farben Gelb und Rot zu finden. Gleich daneben ist ein Kästchen mit der Inschrift „Für Genießer" zu sehen. Eine Art Informationskasten auf der rechten Seite zeigt ein eingekreistes „EINFACH GUT" und „mit Sahne verfeinert". In diesem Kasten ist eine hellblau hervorgehobene Schrift „Frische Idee zum Verfeinern" mit einem Pfeil, der auf die Rückseite verweist. Sehr auffällig ist das Siegel für vegetarische Produkte am unteren Rand der Verpackung. Des Weiteren sind eine kurze Nährwertangabe und die Mengenangabe „2 Teller" zu sehen. Insgesamt ist der Druck der Vorderseite eher dunkel und vor allem in der Farbe Grün gestaltet. Im Kontrast dazu ist das Logo der Marke Maggi und der Obere Rand in Gelb gehalten.

Auf der Rückseite ist eine Vielzahl an Informationen zu finden. Die einzigen roten Elemente sind das Maggi Logo und das Mindesthaltbarkeitsdatum. Zu sehen ist die Zubereitungsanleitung, welche mit 5 Minuten die Zubereitungsdauer angibt Darunter ist die Zutatenliste zu sehen: Erbsenstärke, Weizenmehl. 16,4% Sahnepulver, Sonnenblumenöl, 11,1% Gemüse (6,7% Broccoliröschen, 1,4% Broccolipulver, Blumenkohl, 0,8% Spinat), Jodsalz, Zucker, Hefeextrakt, Glukosesirup, Molkenerzeugnis, Gewürze (Knoblauch, Muskatnuss, Pfeffer), Milcheiweiß, natürliches Gemüsearoma, Säuerungsmittel Citronensäure. Kann Sellerie, Eier, Senf und Soja enthalten. Darunter sind die ausführlichen Nährwertangaben pro Teller zu finden und die Mengenangabe „Ergibt 500ml". Neben einer Anleitung zum Verfeinern mit dem Titel „Frische Idee zum Verfeinern" sind noch Hinweise auf die Onlinedienste von Nestle (Rezepte, Services, Tipps) zu finden. Der Hintergrund ist wieder ein Holzuntergrund, welcher Grün eingefärbt ist. Außerdem sind auch hier wieder Broccoliröschen und Spinat zu finden und außerdem noch Mandeln.

Der Inhalt besteht, vor dem Zubereiten, hauptsächlich aus Pulver und zerkleinertem Brokkoli. Der gesamte Inhalt ist zudem grün eingefärbt. Außer dem zerkleinerten Brokkoli sind keine Bestandteile der Suppe zu erkennen. Nach dem Zubereiten hat die Suppe eine einigermaßen cremige Konsistenz. Der Brokkoli ist nach wie vor schwer zu erkennen, aber es schwimmen ein paar zerkleinerte Stücke in der Suppe. Der Geschmack ist eher gewürzt, als dass die Suppe nach Brokkoli schmecken würde.

Der Anteil der Eigenleistung ist auch hier sehr gering. Mit der angegebenen „Verfeinerung" könnte dieser allerdings erhöht werden. Die Verarbeitung der Lebensmittel ist bis zur Unkenntlichkeit vorangeschritten. Der Anteil an Kreativität oder Selbstbestimmtheit während der Zubereitung ist gleich 0.

4. Entfremdung durch verarbeitete Lebensmittel?

1.) Das Individuum entfremdet sich von der Arbeit und der Natur, wenn es keinen Bezug zum Produkt seiner Arbeit hat. Dementsprechend entfremdet ein Produkt, auf dessen Herstellung das Individuum keinerlei oder nur wenig Einfluss hatte, das Individuum.

Bei den vorliegenden drei Produkten wird ersichtlich, dass der Eigenanteil am Zubereiten des Brokkolis, vom Brokkoli aus der Gemüsetheke, über das Fertiggericht aus der Kühltheke bis hin zu der Brokkoli-Cremesuppe immer weniger wird. Dementsprechend hat das Individuum immer weniger Einfluss auf den Herstellungsprozess des Produkts. Der Brokkoli aus der Gemüsetheke kann vielfältig in der eigenen Küche verarbeitet werden, wohingegen auf die genaue Herkunft und den Anbau keinen Einfluss genommen werden kann. Selbst wenn die Wahl des Brokkolis im Lebensmittelgeschäft frei ist, ist es schwierig herauszufinden wo und wie genau der Brokkoli angebaut wurde. Bei den Fertigprodukten wird es zunehmend schwerer überhaupt herauszufinden, welche Produkte verarbeitet wurden und erst recht nicht, wo und wie die verarbeiteten Produkte angebaut und verarbeitete wurden.

2.) Das Herstellen eines Produkts entfremdet das Individuum, wenn es nichts Persönliches in seiner Arbeit zum Ausdruck bringen kann und/oder sich nicht kreativ entfalten kann.

Bei dem Brokkoli aus der Gemüsetheke, dem „natürlichsten" Produkt der drei Beispielprodukte, kann am meisten Kreativität eingebracht werden. Er ist nahezu unverarbeitet und kann z.b. gekocht, gebraten oder gebacken werden, er kann gewürzt oder auch zu ganz anderen Konsistenzen verarbeitet werden. Die Möglichkeiten sind vielfältig. Bei den anderen beiden Produkten ist die Kreativität sehr eingeschränkt, da die Produkte nahezu fertiggestellt sind und dazu noch eine Zubereitungsanleitung aufgedruckt ist. Selbst die Verfeinerung, welche auf der Tütensuppe angegeben ist, nimmt dem Individuum ein Stück weit die Möglichkeit, die Suppe kreativ zu verändern oder zuzubereiten.

3.) Nur natürliche Nahrung verbindet das Individuum mit der Natur, weil sie das Material ist, aus dem der Mensch und die Welt gebaut ist. Der Körper extrahiert Weltelemente, die ihm schaden oder ihn zerstören könnten.

Der Brokkoli aus der Gemüsetheke zählt nahezu zur natürlichen Nahrung und verbindet so das Individuum mit der Welt. In den beiden verarbeiteten Fertigprodukten sind viele Elemente enthalten, die nicht oder nicht mehr natürlich sind. Diese nicht natürlichen Bestandteile sind nicht das Material, aus dem wir gemacht sind und industriell hergestellt.

4.) Das Individuum sehnt sich nach Resonanzerfahrungen. Wenn es keine Resonanz gibt, ist das Individuum entfremdet. Diese Entfremdung bedeutet Gleichgültigkeit und Bedeutungslosigkeit.

Alle drei Produkte können Resonanzerfahrungen bei dem Individuum auslösen. Allerdings bestehen bei einem Gericht in welchem der Brokkoli aus der Gemüsetheke verarbeitet wird, wesentlich mehr Entscheidungen darüber, ws das Individuum zu sich nimmt, als bei einem

Fertigprodukt. Bei den Fertigprodukten könnte davon ausgegangen werden, dass dem Individuum gleichgültig ist, was es zu sich nimmt und dementsprechend geringere Resonanzerfahrungen hervorgehen.

5.) Die Grenze zwischen Natur und Kultur verschwimmt zunehmend. Die Natur ist seit dem Eingreifen des Menschen schon nicht mehr „natürlich". Der Mensch muss die Natur in ihrer Entwicklung unterstützten und die Entwicklung annehmen.

Wenn seit dem Eingreifen des Menschen in die Natur nichts mehr natürlich ist, dann ist auch ein nahezu unverarbeiteter Brokkoli nicht mehr natürlich. Dies wirft die Frage auf, wo der unterschied zwischen einem Brokkoli und einem hochverarbeiteten Brokkoli liegt, denn der Geld- und Nährwert ist bei allen drei Beispielen eindeutig unterschiedlich.

5. Fazit

Abschließend zu dieser Ausarbeitung kann festgehalten werden, dass nach den Aufgeführten Kriterien das Individuum von der Natur durch (hoch)verarbeitete Lebensmittel entfremdet wird. Es hat sich herausgestellt, dass keiner der genannten Theoretiker genaue Kriterien für „die Entfremdung" aufgestellt hat. Am ehesten hat Hartmut Rosa mit seinem Resonanzbegriff erklärt, was das „entfremdetsein" und „nichtentfremdetsein" bedeuten könnte und wovon es abhängen könnte. Es ist klar geworden, dass wir uns auf jeden Fall von natürlichen Lebensmitteln entfernen, allerdings wäre weitergehend zu klären, was der Begriff „natürliche Lebensmittel" heute noch umfasst und ob uns dieses Entfernen wirklich von der Natur entfremdet. Im Verlauf der drei Beispiele konnte dennoch dargestellt werden, dass ein Unterschied zwischen den drei Verarbeitungsformen des Brokkolis besteht, welches der Produkte ein Fertigprodukt ist und was uns diese Produkte suggerieren. Abschließend ist zu sagen, dass der Eigenanteil des Kochens auf jeden Fall ein wichtiger Aspekt in der Debatte um die Entfremdung von Lebensmitteln ist und den Grad der Entfremdung mitbestimmen kann. Welche Folgen eine Entfremdung bereits für kommende Generationen hat, konnte nicht dargestellt werden, weil dafür zunächst die Diskussion um die Entfremdung von der Natur durch Lebensmittel im generellen erläutert werden müsste. Bei einer umfassenderen Arbeit hätte, zum besseren Verständnis, ein zusätzliches Kapitel zur Erläuterung von verarbeiteten Lebensmitteln stattfinden können. Das gleiche gilt für die bearbeiteten Theorien, denn die Positionen der einzelnen Theoretiker hätten in einer größeren Ausarbeitung breiter erläutert und mit dem Thema verknüpft werden können. Auch die Gegenposition Rabinows hätte dahingehend weitläufiger bearbeitet und diskutiert werden können.

Mit mehr Zeit, Ressourcen und einer Arbeit mit einem größeren Umfang, könnten Fragen wie: Wie verändern verarbeitete Lebensmittel das Verhältnis der Menschen zur Natur? Was sind industrielle, verarbeitete Lebensmittel? Was für einen Einfluss haben industrielle Lebensmittel auf den Geschmack? Wie nahrhaft sind verarbeitete Lebensmittel? Und viele mehr diskutiert und bearbeitet werden.

Alles in Allem kann diese Arbeit die Arbeitshypothese, ob der Mensch von der Natur durch verarbeitete Lebensmittel entfremdet wird, mit den erläuterten Theorien und dem Beispielfall, nur ansatzweise bestätigen.

Anhang

Aus urheberrechtlichen Gründen wurde der Anhang entfernt. (Anm. d. Red.)

Literaturverzeichnis

Bayer, Otto; Kutsch, Thomas; Ohly, H. Peter (Hg.) (1999): Ernährung und Gesellschaft. Forschungsstand und Problembereiche. Informationszentrum Sozialwissenschaften der Arbeitsgemeinschaft Sozialwissenschaftlicher Institute e.V. Bonn. Opladen: Leske + Budrich.

Burger, Kathrin (2017): Wie ungesund sind industrielle Lebensmittel wirklich? Wer wenig Selbstgekochtes, dafür viel Industrienahrung isst, erhöht sein Risiko, dick und krank zu werden. Dennoch haben hoch verarbeitete Lebensmittel auch Vorteile: Sie schaffen vor allem Frauen Freiheiten. Online verfügbar unter https://www.spektrum.de/news/fertigprodukte-sind-ungesuender-als-frische-lebensmittel-aber-sie-schenken-uns-freiheiten/1514849, zuletzt geprüft am 20.09.20.

Hirschfelder, Gunther; Hudson, Ursula; Gose, Maria; Krems, Carolin; Heuer, Thorsten; Hoffmann, Ingrid et al. (2018): Aus Politik und Zeitgeschichte. Essen. In: *APuZ Zeitschrift der Bundeszentrale für politische Bildung* 68. (1-3/2018).

Jean-Pierre Wils (Hg.) (2019): Resonanz. Im interdisziplinären Gespräch mit Hartmut Rosa. 3. Aufl. Baden-Baden: Nomos.

Kump, Sebastian Andreas (2019): "Was wir tun, wenn wir tätig sind". Zur Arbeits- und Entfremdungstheorie bei Karl Marx, Günther Anders und Hannah Arendt. Inauguraldissertation. Johannes Gutenberg-Universität, Mainz.

Marx, Karl; Engels, Friedrich (1844): Werke Karl Marx Friedrich Engels. Ökonomisch-philosophische Manuskripte. Berlin: Dietz Verlag.

Quante, Michel; Schweikard, David P. (Hg.) (2016): Marx Handbuch. Leben - Werk - Wirkung. Unter Mitarbeit von Matthias Hoesch. Stuttgart: J.B. Metzler.

Rabinow, Paul (2004): Anthropologie der Vernunft. Studien zu Wissenschaft und Lebensführung. Herausgegeben und übersetzt von Carlo Caduff und Tobias Rees: Suhrkamp.

Rosa, Hartmut (2016): Resonanz. Eine Soziologie der Weltbeziehung: Suhrkamp. Online verfügbar unter https://b-ok.cc/book/3412574/97e95f, zuletzt geprüft am 20.09.20.

Rosa, Hartmut; Strecker, David; Kottmann, Andrea (Hg.) (2018): Soziologische Theorien. 3. Aufl. München: UVK Verlagsgesellschaft mbH.

Timaeus, Johannes (2014): Warum selber kochen? Der Sinn vom Kochen im Zeitalter von Lebensmittelindustrie und System-Gastronomie. Online verfügbar unter https://kochkultur-leipzig.de/2014/10/08/warum-selber-kochen-der-sinn-vom-kochen-im-zeitalter-von-lebensmittelindustrie-und-system-gastronomie/, zuletzt geprüft am 20.04.2020.

BEI GRIN MACHT SICH IHR WISSEN BEZAHLT

- Wir veröffentlichen Ihre Hausarbeit,
  Bachelor- und Masterarbeit

- Ihr eigenes eBook und Buch -
  weltweit in allen wichtigen Shops

- Verdienen Sie an jedem Verkauf

Jetzt bei www.GRIN.com hochladen und kostenlos publizieren